AU CONGO

LA FEMME ET LA FAMILLE

PAR

LE P. L. LEJEUNE

MISSIONNAIRE APOSTOLIQUE

EXTRAIT DU *CORRESPONDANT*

PARIS

Augustin CHALLAMEL, Éditeur

Rue Jacob, 17

Librairie Maritime et Coloniale.

—

1900

AU CONGO

LA FEMME ET LA FAMILLE

AU CONGO

LA FEMME ET LA FAMILLE

PAR

LE P. L. LEJEUNE

MISSIONNAIRE APOSTOLIQUE

EXTRAIT DU *CORRESPONDANT*

PARIS

Augustin CHALLAMEL, Éditeur

Rue Jacob, 17

Librairie Maritime et Coloniale.

1900

AU CONGO

LA FEMME ET LA FAMILLE

Les explorateurs et, avec eux, les missionnaires qui ont pénétré dans le continent noir ont souvent décrit la triste situation de la femme africaine. Revues, journaux, brochures, livres ont à l'envi attiré l'attention et la pitié des peuples civilisés sur cette partie déshéritée de la population qui, depuis la naissance jusqu'à la mort, souffre une véritable servitude.

Aujourd'hui les nations de l'Europe ont conquis d'immenses territoires et chacune se vante d'introduire chez les peuplades soumises à son autorité, en même temps que la civilisation, une amélioration à l'esclavage, et particulièrement à l'esclavage de la femme.

Ont-elles réussi? La France, en particulier, a-t-elle réussi partout où elle a planté son drapeau, envoyé ses administrateurs? Les missions catholiques et protestantes, aidées par les œuvres antiesclavagistes, en ont-elles fini avec la barbarie et l'esclavage, de sorte que l'on puisse dire franchement : la femme noire est libre?

Si l'on veut se fier aux différents rapports officiels du gouvernement et même aux rapports de beaucoup de missionnaires tant catholiques que protestants, on serait presque tenté de répondre affirmativement. Mais tous ces rapports, en général intéressés, sont entachés d'un grand défaut. Ils donnent, — comme ils le doivent, — quelques résultats partiels, mais sans faire remarquer que ces résultats partiels n'ont peut-être pas d'influence sérieuse sur un peuple. Il arrive qu'on ne parle pas des défaites, ou si on les mentionne, elles sont si bien encadrées d'espérances futures et même prochaines que la situation générale nette et précise reste inconnue.

D'autre part, il y a des susceptibilités à ménager; on n'ose tout dire de peur de blesser ou d'effrayer; de sorte que peu à peu on se blase sur les insuccès; on prend le temps comme il vient et les hommes comme ils sont. On remplit de son mieux sa tâche journalière, malgré les tristesses dont on gémit, et l'on s'endort quand même sur cette idée, bonne au plus pour les cloîtres : Dieu ne me demande que des efforts, à Lui de produire les résultats! Comme si Jésus-Christ n'avait pas dit : *Ego elegi vos ut fructum afferatis et fructus vester maneat.* Il faut des *résultats*, Dieu le veut; et il veut aussi que ces résultats *durent.*

Les récentes révélations de l'abbé Lemire à la Chambre et la lettre si digne, si suggestive de Mgr Le Roy au vaillant député du Nord ont été citées par la presse, en même temps que les journaux commençaient à s'occuper plus activement de l'exploitation de la femme au Congo français. L'attention des coloniaux et principalement des différents comités généraux qui s'occupent des missions est éveillée. On court aux renseignements, on veut des documents et des faits.

J'ai donc pensé qu'il est temps d'être rigoureusement exact dans les révélations, et de faire un exposé général de la situation, sans parti-pris, sans aigreur, mais sans crainte. Quelques lignes me suffiront pour rappeler ce qu'était la condition de la femme noire au Congo avant l'occupation française. Nous verrons ensuite si la condition de cette femme s'est sensiblement améliorée depuis l'arrivée des Européens, l'établissement des postes, ou bien si elle n'est pas, au contraire, pire qu'auparavant? J'exposerai brièvement enfin ce qu'à mon avis il est urgent de faire.

I

AVANT L'OCCUPATION FRANÇAISE

Avant l'occupation française, la famille était ainsi constituée : l'enfant, la mère et le chef de la famille de la mère, c'est-à-dire son frère ou son oncle maternel. Il n'y avait, par rapport à l'enfant, peu ou point de père, c'est-à-dire que l'éducation, le mariage et tout ce qui concerne la vie de l'enfant ne le regardaient point. La famille de la mère supportait tous les frais de cette éducation, et toutes les responsabilités des dots matrimoniales — à fournir pour les garçons, et à recevoir pour les filles. — La langue mpongwée résume en deux mots ce statut des indigènes : *Rerè e dyana ndyanaga awana;* c'est-à-dire « le père donne vie aux enfants, et c'est tout ». Il en est ainsi chez les êtres inférieurs. La mère elle-même n'avait sur son enfant qu'un pouvoir dérisoire, toute l'autorité appartenait à sa famille : à ses frères, à ses père et mère s'ils vivaient encore, et, à leur défaut, à ses oncles maternels. Une telle constitution de la famille suffit pour donner une idée de la barbarie de toutes ces tribus africaines par rapport à leurs enfants. La première conséquence était l'exploitation des petites filles, et le délaissement complet des garçons, car les petites filles étant vendues au moment de leur mariage rapportaient quelque argent à leur oncle ou à leur grand-oncle, tandis que les garçons occasionnaient au contraire pour leur mariage des débours considérables à ces commerçants d'un nouveau genre.

Aussi la petite fille était-elle vendue quelquefois, dès le jour de sa naissance ; au plus tard, à l'âge de sept à huit ans et, généralement à des vieillards infirmes et huit à dix fois polygames. L'enfant ne pouvait jamais se libérer, sinon en remboursant cinq à six fois à son possesseur ou mari la dot qu'il avait apportée au chef de la famille de sa mère. Toute tentative de libération sans remboursement était punie de la mutilation du nez, des oreilles et des lèvres.

Bien entendu, la femme n'était jamais consultée pour donner son consentement au mariage. Son mari mort, elle passait en héritage aux frères de ce mari, comme les poules et les chèvres, sans qu'elle fût appelée à donner son avis.

Telle était, dans un très court résumé, la condition de toute femme avant l'arrivée des explorateurs et des missionnaires. Telle est encore cette condition chez la plupart des peuplades de l'Ogowé, comme les Ivilis, les Bakotas, les Bakandés, les Batékés, et dans tout le Ngounyé, grand affluent de l'Ogowé, depuis les chutes Samba jusqu'à ses sources, où, d'après le commandant Oswald, qui vient de le remonter jusqu'aux monts Kombo, les populations sont aussi denses que dans les environs de Paris. « Jamais, dit M. Oswald, au cours de son rapport officiel au ministre, jamais dans toutes les colonies que j'ai visitées, le Sénégal, le Soudan et le Congo, je n'ai vu de pays aussi peuplés. »

Quelles belles moissons attendraient là les missionnaires !...

II

DEPUIS L'OCCUPATION FRANÇAISE

Dans le Gabon proprement dit, la situation a changé. Quelques administrateurs et chefs de postes ont réussi à empêcher les mutilations et les meurtres. Ils ont, en outre, modifié heureusement dans certaines contrées, le statut personnel des indigènes.

Je veux parler principalement de Libreville, Lambaréné et Ndjôlé. Mais, dans la plupart des autres tribus, on n'a touché à rien ni chez les Pahouins, qui sont l'immense majorité de la population indigène,

*

ni dans le Ngounyé, ni chez les Adoumas, où pourtant le poste a été longtemps tout-puissant. Partout là, les petites filles sont vendues, pour la plupart, dès leur bas âge, au plus offrant.

Pour améliorer ce statut barbare, l'administration a donc introduit, quand elle l'a pu, le divorce facile, afin que les femmes puissent se libérer sans peine; il suffit désormais de rembourser la dot apportée par le mari. Dans la pensée des premiers administrateurs, il devait résulter un grand bien de cet amendement. Malheureusement, leurs successeurs en ont abusé, et ces abus ont amené des maux sans nombre.

Si la facilité de libération était nécessaire pour les petites filles, mariées avant l'âge de raison, et avant la nubilité, elle n'aurait pas dû s'étendre, en effet, à toutes femmes sans distinction, à celles qui pouvaient donner leur plein consentement, et dont tous les membres de la famille, père, mère, oncle, etc., étaient d'accord. A l'heure présente, grâce à ces exagérations, aucun lien, aucune sanction, n'existent plus, et le mariage, en certains endroits, est devenu un honteux trafic.

Je précise. Chez les indigènes voisins des administrateurs et fonctionnaires de toute nuance, voici ce qui arrive aujourd'hui. Une fille est vendue 200 francs, je suppose, à l'âge de quatre ans. 200 francs en nature équivalent à 80 ou 90 francs de notre monnaie. La belle-mère, aidée de son frère et de ses parents, a bientôt mangé la dot, que l'on a transformée en alcool le plus souvent. L'enfant vit toujours; elle a maintenant huit ans. Sa mère va donc trouver un second enchérisseur à qui la fille est adjugée pour 300 francs. Voilà 100 francs de gagnés sans beaucoup de peine! Arrive l'âge de douze ans. Il est facile de mettre la brouille dans le ménage : le mari est trop vieux, il n'a pas eu les égards voulus pour la belle-mère, pour sa marmite ou son jardin de manioc, il n'a pas fait de visite dans un deuil de famille, ou n'a pas apporté assez d'eau-de-vie pour chasser la douleur; la mariée elle-même ne le trouve plus intéressant, etc. Cela suffit. Un jeune homme arrive, travailleur, employé des factoreries. Il promet 400 francs, et tout est dit : encore 100 francs de gagnés!

Mais l'enfant atteint quatorze ans, quinze ans au plus. Ce sont alors les miliciens qui se présentent, suivis des Sénégalais, des Européens fonctionnaires, colons et commerçants. Qu'est-ce que 600 francs en nature, tissus, eau-de-vie, poudre et fusils? Environ 200 ou 250 francs en argent. Pour la quatrième fois l'union est brisée, et l'on va ainsi indéfiniment jusqu'à ce que la femme, épuisée et désormais stérile, se marie à quarante ans à un jeune homme de vingt-cinq.

Voilà où aboutissent les abus que je signalais plus haut et telles sont les conséquences qu'en tirent l'immoralité des faux colonisateurs et l'avarice sordide des vieux chefs nègres qui trouvent, dans les quantités de palabres et de procès surgissant chaque jour, un aliment facile à leur cupidité.

*
* *

Devant de semblables abus, on peut se demander si les missions, soutenues par la Propagation de la Foi, la Sainte-Enfance, l'Œuvre antiesclavagiste, ne sont pas arrivées à entraver cette abominable exploitation et si elles n'ont pas donné un lien plus fort aux mariages?

Oui sans doute. Et l'endroit où l'effort le plus sérieux paraît avoir été fait est celui où il y a le moins d'Européens, le Fernan Vaz. Mais on le doit à un généreux membre de cette mission qui dépense sa grande fortune à procurer le bienfait de la liberté aux pauvres femmes Nkomis. Encore y a-t-il à redouter ces ennemis de toute morale que sont certains fonctionnaires. Ils commencent à envahir aussi ce pays, se promettant d'arrêter cette réforme et ces bienfaits dès qu'ils en trouveront le moyen. Ils le feront certainement si le gouvernement de la métropole ne les en empêche par des mesures positives.

Dans les autres missions, les minces ressources confiées aux missionnaires leur ont permis de racheter quelques petites filles; résultats partiels, qui n'ont pas une influence véritable sur les coutumes sauvages des populations. Et là encore, on a trouvé un obstacle auquel on n'aurait jamais pensé : l'administration.

Pendant quelques années, ces jeunes filles libérées ont joui de leur liberté dans les orphelinats et les ouvroirs, mais elles n'étaient pas encore nubiles que souvent leurs parents, mères, oncles et tantes les ont retirées. Les missionnaires opposaient bien quelque résistance, car les enfants tenaient à rester. Elles avaient droit, en effet, à leur entière liberté, puisque la dot dépensée pour leur premier mariage avait été remboursée par la mission seule, à la demande même des parents, ce qui devait rendre vaine toute réclamation ultérieure. Mais les autorités locales, avec leur principe de liberté appliqué à rebours, se préoccupèrent de cette situation. Assurées d'être couvertes par l'approbation des pères et mères, avides de toujours vendre et revendre leur marchandise, elles ont blâmé sévèrement et à mainte reprise ceux qui avaient ainsi dépensé tout leur zèle et l'argent de la charité pour briser les liens de ces malheureuses !

M. le commissaire général de Lamothe s'est particulièrement

distingué pour sa condescendance aux réclamations injustes de quelques chefs galoas. Ceux-ci voulaient retirer, malgré elles, quelques jeunes filles de treize à quatorze ans de la maison des Sœurs de Lambaréné. Nous avions bien quelque droit sur elles, puisque nous en avions libéré plusieurs à la condition expresse qu'elles resteraient à l'école professionnelle jusqu'à leur mariage. Quelques-unes, particulièrement, étaient déjà promises à de très honnêtes catholiques qui n'attendaient plus que leur première communion pour se marier à l'église, mais nous avions compté sans les exploiteurs de la négresse. Par la bouche du protestant Rigondja, chef des galoas, du païen Ndingi, son premier assistant, et du fanatique Osamané, ils ont déterminé le représentant de la République française au Gabon à proclamer solennellement, devant une assemblée de deux cents hommes, que tous les parents, sans exception, pouvaient retirer leurs enfants de nos écoles, garçons et filles, lorsqu'ils le jugeraient à propos. Quinze jours après, l'école et l'orphelinat des Sœurs étaient vides. Elles avaient cinquante-deux enfants; il leur en resta sept. Un mois ne s'était pas écoulé que six des plus grandes étaient conduites dans les stations européennes de Ndjôlé, de Lambaréné et du cap Lopez!

Voici, du reste, un exemple du phénomène qui s'est produit, non pas avec M. de Lamothe seulement, mais avec ses subordonnés, les administrateurs et les chefs de postes. Une enfant de cinq ans est vendue à un polygame de soixante et dix ans. Cette enfant a une peur horrible de son maître. Quinze jours après, elle se sauve. Le vieux sait où elle est. Il va la chercher. Il offre à la mère 50 ou 60 francs. Cela suffit, il gagne son procès et emmène de force la petite martyre.

Une seconde fois, la pauvre fille profite de l'ivresse ou de l'absence de son maître pour revenir au foyer maternel. Nouveau procès. Toute la tribu se réunit. L'oncle et la mère, qui spéculent toujours, veulent casser le mariage. Le mari a été cruel, les fétiches des familles sont incompatibles; de vieilles querelles d'antan. Le mari, lui, invoque son droit : ou la fille, ou la dot. La dot n'existe plus depuis longtemps, et pour cause. La fille, elle, a bonne mine, et surtout bon espoir d'être délivrée bientôt.

Le missionnaire a été prévenu; les chrétiens n'ont pas manqué de l'avertir. Il arrive, il a pitié, il rachète, et tout fier il emmène la joyeuse libérée chez les Sœurs, pour l'instruire, la moraliser et lui inculquer les premiers éléments de notre civilisation.

Mais l'ennemi continuel, la famille, n'a pas perdu de vue sa marchandise. Elle attend que l'enfant parle français, qu'elle soit formée, ou plutôt que les premiers symptômes de la nubilité se manifestent. Quelquefois, elle n'attend même pas jusque-là. De nombreux jeunes gens se sont déjà présentés, la plupart chrétiens, et ont offert, l'un 50 francs, un autre 100 francs. La famille accepte tout de celui-ci et de celui-là. Mais les Européens ont entendu dire que, dans tel village, une mère a une fille avenante et instruite; ils se présentent aussi à la queue leu-leu; ils envoient leurs boys avec dames-jeannes d'eau-de-vie, caisses de genièvre, tissus variés, pièces de cent sous, louis d'or. Tout est accepté, — à l'insu de la seule intéressée et de ses protecteurs et protectrices.

Enfin, on profite de la mort d'une parente, de la maladie réelle ou plus ou moins feinte de la sœur ou de la mère pour demander à l'école une sortie de l'enfant. Si la sortie est refusée, le poste est là. On portera plainte et M. l'administrateur enverra au besoin les miliciens aux Sœurs. Force est donc de laisser aller un jour, deux jours, la malheureuse fille qui, hélas! ne reviendra plus...

Si elle consent à se prostituer tout de suite, on la livre le jour même; si elle résiste, on l'expédie au loin dans les villages d'esclaves, ou bien on l'allèche par un voyage à bord d'un bateau, pour voir ses cousines ou ses sœurs, et on la plante toute seule au lupanar de Ndjôlé ou chez les nombreux fournisseurs du Cap Lopez qui entretiennent les paquebots français, anglais et allemands ainsi que les bateaux de guerre de passage.

Mais il faut citer des faits précis.

Pauline a été baptisée en 1884 à l'âge d'un an environ. Son parrain a été le chef de poste d'alors. Filleule d'un blanc, sa mère n'osera sans doute pas en abuser de sitôt. A sept ans, on l'envoie à l'école. En 1895, sa mère la retire pour l'envoyer à Ndjôlé et la préparer à son futur métier de concubine.

Refus énergique de la petite qui vient seulement de faire sa première communion. On patiente un an, puis on l'embarque sur l'*Eclaireur*. Deux Européens arrivent, l'un du gouvernement, l'autre d'une factorerie; celui-ci avec un ballot de tissus, 1,200 mètres; celui-là avec 200 francs en or, car il faut y mettre le prix. Peine perdue : Pauline refuse et se sauve.

Une seconde fois, sa mère la conduit à bord, puis l'enferme avec un blanc d'une factorerie. Encore une fois, Pauline triomphe de sa marâtre et de l'infâme gredin; elle prend la fuite par une fenêtre en disant : « J'ai peur de Dieu! ». A cette époque, elle avait au plus treize ans.

Revenue chez elle, un nommé Ashangala, galoa comme elle, la demande en mariage; elle consent, elle n'aime que lui, elle ne veut que lui; elle prie, elle pleure pour obtenir le consentement voulu. Mais un Européen va trouver sa mère. Il se vante à ses employés d'avoir plus de succès que tout le monde, il dit même dans le salon de l'*Avant-Garde*, à des passagers qui m'ont rapporté son propos : « Je l'aurai malgré la mission et malgré elle. » Il a fini par triompher. Pauline est perdue.

La condition de cette pauvre enfant élevée par l'argent de la *Société antiesclavagiste* n'est-elle pas pire que si elle n'avait jamais connu la liberté? Vouloir la racheter maintenant est chose impossible. Le blanc a dépensé pour elle plus de 1,000 francs.

Je pourrais citer ainsi quantité d'autres faits non moins précis et non moins documentés; mais comme ils sont tous des exemples divers du même mal, je me borne à cette dernière histoire qui me semble significative.

Marie Samba, fille d'une femme nommée *Mbogo* et d'un Sénégalais, disent les commères, bien que Mbogo soit mariée selon l'usage à un chef galoa, Marie Samba avait dix ans en 1895. La nuit de Noël, en descendant de chaire, on m'avertit que deux miliciens me demandent à la porte de l'église. Que veulent-ils, à minuit? Ils viennent demander Marie Samba, au nom du chef de poste. J'ai, d'après eux, à la donner sur l'heure. Après la messe, ils m'assurent que c'est son père Samba (son *prétendu* père) qui la veut et a envoyé un de ses amis, milicien comme lui, tout exprès de Libreville pour accompagner la fillette. Ce milicien est porteur d'une lettre adressée à M. le chef de poste pour lui recommander le succès de l'affaire. Je ne donne aucune réponse et Marie reste chez les Sœurs. La pauvre enfant est au courant de ce qui se passe, et pousse des sanglots et des cris à fendre l'âme.

A neuf heures du matin, avant la grand messe, je reçois une lettre, portant le cachet de l'administration et signée de M. le Résident. Il me somme d'avoir à envoyer au plus tôt la jeune fille. Je résiste encore. Deux heures plus tard, nouvelle sommation. Même résultat. Entre le dîner et les vêpres solennelles, je me décide à aller voir le Résident. Quelle réception! Insultes, menaces, j'ai tout enduré. Mais ma cause est juste, je ne me tiens pas pour battu. Le soir, un bateau descend tout droit vers Libreville; je pars pour voir le gouverneur, M. Dolisie, et j'ai la satisfaction de m'entendre donner raison sur tous les points. Son subalterne fut blâmé pour avoir montré trop de zèle à condescendre à tous les désirs des miliciens et de certains Européens [1].

Mais quelles dépenses! 150 francs de passage, aller et retour; trois semaines de travail en retard, écoles abandonnées..., et pourquoi? pour retarder de deux ans à peine la prostitution de Marie

---

[1] Le regretté Albert Dolisie est mort depuis un an.

Samba. Je l'avais sauvée de la cupidité de son prétendu père. Sa mère a eu plus de chance, si on peut appeler chance cette vile passion du lucre; depuis 1898, Marie Samba est vendue!

Nous avons beau protester de toutes façons, nous avons beau invoquer la liberté et la jeunesse de ces pauvres filles, nous sommes absolument désarmés dans ces pays si éloignés, sans journaux, sans hommes influents à qui nous adresser, sans juges qui comprennent véritablement les fonctions de juges. Sans aucun protecteur, il nous est impossible, par notre seule influence, d'empêcher tous ces désordres et de résister à l'injuste et tyrannique pression des chefs de la colonie. Un noir, une négresse, ont-ils recours à nous? Si nous intervenons, c'est le malheureux qui est puni, comme il est arrivé, il n'y a pas deux ans, au pauvre Georges Rétèno, frappé, martyrisé par le sergent Bakari, pour une affaire dans laquelle il était absolument innocent. Son père, Retonda, était venu me prier d'intervenir; pour cette intervention, une simple lettre pourtant bien polie et bien respectueuse, Georges a subi dix jours de prison. Je pourrais montrer le certificat du docteur attestant la gravité des plaies.

* *

Cependant nous arrivons quelquefois à faire aboutir un mariage en prenant toutes sortes de précautions. Serons-nous au moins tranquilles pour celui-là?

Les jeunes mariés font bon ménage; le mari a bâti une jolie case, non plus en écorce d'arbres comme les sauvages, mais en beaux bambous, et quelquefois en planches avec piliers en briques; cuisine, chambre, petit salon avec chaises élégantes, tables et commodes, tout est à l'avenant. Un vrai petit palais!

La femme coud, repasse, cuisine, jardine. Le bonheur durera peu. Le bruit se répand qu'à tel ou tel village, il y a une belle maison bien propre et bien meublée. Les étrangers arrivent, miliciens surtout, les blancs eux-mêmes. Le propriétaire n'est plus le maître chez lui. De plus il s'aperçoit bientôt que l'objet des visites n'est ni lui ni sa maison: il ferme sa porte. Hélas! mal lui en prend; le Sénégalais ou le blanc se fâchent; disputes, coups, plaintes au chef de poste qui, naturellement, protège ses inviolables miliciens et condamne à la prison le malheureux mari!

On pourrait croire peut-être que j'exagère. Voici encore des faits et des documents. C'est d'abord une lettre adressée à M. le chef de poste de Lambaréné, le 19 juin 1897.

Monsieur le Chef de poste,

Je m'appelle Onwango amanë, chef de Ntchango avo oma et je suis l'oncle de Yandjo, qui est avec votre milicien Bakari. C'est moi qui ai donné Yandjo en mariage à Agninga et j'ai reçu pour dot 500 francs.

La tante de Yandjo Ikouangila n'a reçu que 50 francs, cette femme prétendrait en vain avoir autorité sur Yandjo. Les deux seules personnes qui sont quelque chose par rapport à cette femme sont moi, d'abord, son oncle maternel; et Aïta, son père. Aïta a reçu 250 francs. Mais Aïta est, depuis deux ans, au lac Avanga, et je sais qu'il ne veut pas donner sa fille à Bakari.

Je vous déclare donc, Monsieur le Chef de poste, qu'il m'est impossible de consentir à ce que Yandjo reste plus longtemps avec un homme que je ne connais en aucune façon et qui ne m'a rien donné pour ma nièce...

Yandjo n'est pas majeure; je la réclame donc, il m'est intolérable de la voir se prostituer. Je sais bien, Monsieur le Chef de poste, que vous avez voulu rendre à Agninga les marchandises apportées par lui pour la dot. C'est ainsi que nous faisons quelquefois, mais nous ne faisons cela que lorsque le divorce a été prononcé par les juges du pays. Or les juges du pays rassemblés ont déclaré que, dans le cas d'Agninga et de Yandjo, il n'y avait pas matière à divorce. Si donc malgré moi, sans l'agrément d'Aïta, avec la seule autorité de deux femmes (tantes de Yandjo), si donc Bakari continue à garder ma nièce, il y a rapt, et nous appelons cela, nous, Galoas, esclavage.

ONWANGO AMANE.

Ce Bakari dont il s'agit était le sergent du poste, déjà possesseur d'une autre concubine nommée Ajengo, du village d'Olandifala. Agninga a donc réclamé sa femme; l'oncle maternel de cette femme remplaçant sa mère morte l'a réclamée pour lui, en l'absence du père, Aïta. Les juges du pays ont déclaré que, d'après les lois de la tribu, il n'y a pas matière à divorce, mais le malheureux Agninga ne sait pas qu'il y a au poste un fonctionnaire tout-puissant qui veut le forcer à accepter le remboursement de la dot. Il refuse avec énergie et indignation. — Il ira en prison jusqu'à ce qu'il renonce à sa femme et accepte les marchandises!

Ce fait a été écrit par moi au commissaire général qui a daigné me donner cette réponse, lors de sa première visite dans l'Ogowé : « Mes Sénégalais sont polygames de par leur religion, ils ont bien le droit d'avoir plusieurs femmes. »

La conduite du chef de poste a donc été approuvée par la plus haute autorité de la colonie : violences, bigamie, concubinage affichés dans un poste de soldats, sous les yeux d'une dame européenne! Qu'ils soient bigames et trigames chez eux, je le veux bien, mais dans un poste du gouvernement; mais des adultères publics, en violation du statut personnel et des lois d'une tribu dont on a juré de respecter les usages, voilà qui ne se comprend plus!

Je citerai encore deux autres faits analogues : celui, par exemple, d'un nommé Olimbo, chef Boulou d'Arevoma, mis en prison, en 1896, pour avoir refusé d'accepter les marchandises que voulait lui rendre le ravisseur de sa femme. A lui aussi la justice du pays avait donné raison, son mariage ayant été conclu et fait selon toutes les règles. Femme, beau-père, belle-mère, ce qui est assez rare, tout le monde était content. Arrive un étranger qui promet de l'argent et de l'eau-de-vie. La fille est aussitôt rappelée, sous prétexte *qu'elle est maigre;* Olimbo ne l'a jamais revue, sinon le jour où le chef de poste l'a mis en prison, à Lambaréné même, pour refus obstiné de violer les lois de son pays!

Enfin, que dire de ce dernier cas de Ntchaï, du village de Ntchéatanga? Sa femme s'appelle Elisabeth Onwango. Un enfant de six ans est né de ce mariage. Ntchaï tombe malade, de cette terrible maladie qu'on appelle le *béribéri.* Elisabeth encore jeune passerat-elle ses journées à soigner son mari? Tel fut le raisonnement que lui tint un milicien du poste de Ndjôlé.

« Tu es milicien, répondit la belle-mère, avec toi nous sommes forts, Ntchaï est malade, nous n'avons plus à le craindre, prends donc ma fille et fuis bien vite. »

Cette femme sans cœur abandonna ainsi son petit enfant et son mari et s'embarqua, à fond de cale, pour la station de Ndjôlé.

Pauvre Ntchaï, fais agir le chef du pays Nganga; fais écrire par la mission, adresse-toi, si tu le veux, à l'administrateur en chef : peine perdue, argent de tes démarches perdu! Elisabeth est la concubine d'un milicien qui émarge au budget des colonies, elle est sacrée! Réclame plus fort encore, fais valoir ta terrible maladie, ton petit enfant abandonné; ni maladie ni enfant n'inspireront de pitié à celui qui, à Lambaréné, dispose de toutes les femmes. Et va en prison comme les autres, puisque tu veux absolument ta femme et la réclames trop brusquement!...

Ntchaï est mort quelques semaines après, en 1897.

Voilà des faits précis, on ne peut plus précis, avec les noms, les dates et les localités. Il devrait suffire de les signaler pour émouvoir le gouvernement et pour lui faire prendre des mesures contre cet affreux dévergondage. Mais inutile de compter sur l'autorité locale qui sait tout, ferme les yeux systématiquement sur tout, quand elle n'encourage pas! — C'est seulement par des ordres partis de Paris que le mal pourra être réparé.

A titre de documents, veut-on voir trois lettres écrites, il y a quelques mois seulement, par deux chrétiens mariés légitimement. Deux de ces lettres avaient été écrites en Mpongwé. Je les ai fait traduire en français par un ancien élève de la mission, aujourd'hui catéchiste. Je les donne telles quelles avec leurs fautes et leur naïveté.

A mon père Lejeune qui est aussi ma mère.

Vous savez bien que je suis trop méchant, et si quelqu'un me fait
fâcher, je voudrais bien le tuer. Voilà longtemps qu'Hélène s'est mariée
avec moi dans la chapelle, mais Hélène veut maintenant aller la femme
pour Rigondja, le roi que l'administrateur nous a donné. Mais Rigondja
est un voleur des femmes, et puis un voleur encore pour le bois, parce
que l'administrateur Godel l'a mis en prison pour trois mois.

Moi, je voulais bien marier avec le poste. Mais c'était N... qui était
au poste toujours saoûl... toujours, toujours.

Quand je suis parti le 6 juin pour dire lui que moi marier, il était
saoûl trop... Alors je suis parti trouver lui encore le 7 ; il était encore
saoûl. Alors quand je vous ai dit ça, vous m'avez donné ce conseil : Va
le trouver le matin à huit heures. Et puis je suis parti le 8, trouver lui
à huit heures. N... buvait l'absinthe avec M. W... (un Anglais). Alors
j'ai attendu jusqu'à onze heures, et puis N... et W... sont partis à la
factorerie, et N... m'a dit : Tu comprends, c'est l'heure de l'apéritif, à
ce soir... Mais le soir il était saoûl.

Mon manger était tout fini, car je demeure loin. Seulement, vous
m'avez donné deux maniocs et un poisson parce que vous êtes mon
père et ma mère. Et puis vous m'avez marié dans mon village.

Mais Rigondja veut garder ma femme pour envoyer lui avec les
Sénégalais et les Akras dans les factoreries et le poste, pour gagner de
l'argent avec elle. Vous savez bien que je suis méchant ; vous me l'avez
dit trop souvent. Alors donnez la permission de (ici une expression
impossible à transcrire) ces gens-là. Je veux seulement confesser avant.
Donnez-moi la permission ; pardon, s'il vous plaît.

BENOIT.

Voici la seconde lettre, traduite aussi, mais plus correcte :

Mon Révérend Père Lejeune,

Notre chef Rigondja, et puis l'administrateur veulent casser mon
mariage avec Marie-Louise, ma femme, avec laquelle je suis marié
depuis six ans, en comptant les années comme les blancs. C'est
parce que je suis aveugle que Marie-Louise veut me quitter. Et puis
l'administrateur m'a dit que si je ne reprends pas les marchandises
que Marie-Louise veut me rendre et que le blanc avec qui elle veut se
marier encore lui a données, je n'aurais rien du tout, et que je per-
drais ainsi ma femme et mes marchandises.

Vous savez bien, mon Père, comment je suis marié. Quand M. D...
était à Lambaréné chef de poste, je suis descendu de Sambékita pour
me marier. C'était le mois de mars. Seulement M. D... m'a dit
d'attendre le mois d'avril parce qu'il n'avait pas de registres. J'ai
attendu le mois d'avril et puis les registres ne sont pas arrivés. Et
puis, j'ai attendu encore le mois suivant. Alors mon maître m'a écrit
que si je ne revenais pas tout de suite, il prendrait un autre travailleur
à ma place. Alors je suis venu me marier chez vous, à l'église.

Alors l'administrateur dit qu'il ne connaît pas le mariage de l'Église,
il connaît seulement celui du poste, et parce que Marie-Louise veut
faire la concubine avec un blanc, il ne peut pas l'empêcher. Mais
moi, je suis aveugle trop, parce que la petite vérole elle a défoncé moi

les yeux. Alors, mon Père, puisque vous partez en France, parce que l'administrateur casse tous les mariages, il faut aller trouver M. le Gouvernement, avec le Président de la République, et puis il faut leur dire que les Sénégalais avec les administrateurs ils volent nos femmes pour rien du tout, et que les miliciens nous mettent en prison parce que nous réclamons nos femmes que nous avons mariées à la mode du pays et puis avec le Père. Seulement, moi, je suis aveugle, pauvre malheureux!

MATHIAS.

Les protestations de Benoît n'ont abouti à rien, celles de Mathias encore moins; et leurs femmes légitimes rapportent l'une à sa mère, femme d'Abongila, l'autre à ses oncles, les fruits de leur prostitution effrénée. Plus de travail pour elles : elles sont *libres*, entièrement libres comme tant d'autres, d'après l'autorité du gouvernement. Mais de quelle liberté?

Enfin, voici une dernière lettre qui achèvera d'édifier sur la prétendue civilisation apportée au Congo par certains représentants de la France. C'est la lettre de Rémy, jeune homme de vingt-deux ans, intelligent et instruit, à M. le juge de paix de Ndjôlé.

Le 18 août 1899.

Monsieur le Juge de paix,

Au mois de mai dernier, et depuis le mois de mai à plusieurs reprises, je me suis adressé à M. l'Administrateur de l'Ogowé pour lui demander justice au sujet de mon affaire avec N., de la mission protestante, qui, de sa propre autorité, avait cassé mon mariage avec *Yenon*, fille de *Orondo* et de *E bia n'igoumba*. Comme cette affaire était grave, M. l'Administrateur l'a envoyée au chef-lieu de la colonie pour demander une décision et une ligne de conduite.

D'après les renseignements que j'ai pu avoir, aucune décision n'est venue. Je m'adresse donc aujourd'hui à vous, Monsieur le Juge de paix. Voici en quelques mots mon affaire :

J'étais marié selon nos *us* et *coutumes* à *Yenon*. J'avais livré les marchandises exigées pour la dot, 20 dollars pour le père, 20 dollars pour la famille de la mère. Les marchandises avaient été acceptées des deux côtés; la femme m'avait été donnée, elle m'avait suivi sans aucune contrainte, et depuis deux mois nous habitions ensemble.

Cette dite femme montait avec moi à Sambèkita, mon poste de travail. A Kongoué, mission protestante, je m'arrête pour faire quelques commissions. Ma femme descend avec moi pour y voir sa cousine. Après quelques instants, je m'apprête à repartir, mais N., le ministre, voit ma femme, l'appelle, lui cause et l'enferme dans sa chambre. Puis il m'appelle à mon tour et me dit : *Je ne veux pas que tu te maries à Yenon; je casse ton mariage, je te rendrai les marchandises.* J'ai protesté de tout mon pouvoir contre pareille violence; j'ai demandé à voir ma femme qui était enfermée, refus. J'ai protesté par lettre, inutile. J'ai fait protester par le P. Lejeune, inutilement encore, et je me suis adressé à M. le Chef de poste.

Sans entendre ni père ni mère, sans écouter mes explications, M. le

Chef de poste a déclaré le mariage cassé. Puis il a fait venir les parents qui ont alors consenti au divorce. Pour eux, c'était une excellente affaire. M. le Ministre rendant mes marchandises, et M. l'administrateur leur remettant leur fille, ils gagnaient et la fille et la dot.

Le seul coupable dans toute cette affaire est N., le ministre protestant, qui a gâté le cœur de ma femme. Je considère donc qu'il m'a porté un préjudice très grave et je vous demande justice.

Rémy.

Sait-on ce que l'administrateur, juge de paix à compétence étendue, a répondu? « Que Rémy verse d'abord 200 francs, et nous examinerons son cas. » Deux cents francs en argent! Comment ose-t-on demander pareille somme à un pauvre nègre qui n'a pas le sou, puisqu'il a tout dépensé pour acheter sa femme? Si M. le juge de paix ne pouvait pas régler gratuitement comme juge l'affaire Rémy, il devait la régler comme administrateur. Rémy devait avoir raison puisqu'il était marié selon le statut de sa tribu, et ni ministres protestants ni prêtres catholiques ne doivent avoir le droit de prononcer des divorces.

L'épilogue de cette dernière histoire, le voici. Rémy n'a pas eu sa femme; elle est retournée à la mission protestante. Il n'a pas été remboursé non plus. Mais sept mois après que *Yenon* lui fut enlevée, elle donna naissance à un enfant mort-né, dit-on, et mourut elle-même quelques heures après.

Comme on le voit par ces quelques exemples qu'il serait trop aisé de multiplier, il n'existe plus aucun lien pour les unions, chacun peut les briser à son gré pour le motif le plus futile et le plus immoral.

*
* *

Cependant les Français, lorsqu'ils ont pénétré pour la première fois chez ces populations de l'Ogowé et du Gabon, n'ont pas trouvé cette facilité de mœurs. Le mariage était sacré, et si sacré que quiconque voulait le briser, femme ou mari, beau-père ou belle-mère, roi ou esclave, était gravement puni : amendes considérables qui se calculaient par quatre, six et même dix fois la valeur de la dot; prison pendant des années, les pieds enfoncés dans un tronc de bois creusé *ad hoc* et traversé ensuite par un morceau de fer pour empêcher toute velléité de se sauver; coups atroces donnés sur le coupable jusqu'à ce que le corps ne fût qu'une plaie; nez, lèvres, oreilles coupés; fer rouge appliqué sur la poitrine, souvent la mort. Le mariage était sacré, et personne n'aurait osé transgresser la loi, par crainte des châtiments. Si la femme voulait se libérer régulièrement, elle devait apporter ses motifs : sa mère insultée gravement par son gendre; elle, la femme, exposée sans vêtements dans les rues, ou bien martyrisée sans raison; dot insuffisante; fétiches contraires de la famille du mari. Mais jamais on n'aurait accepté comme sérieux les motifs, aujourd'hui valables aux yeux de l'administration, comme la passion furieuse de se prostituer, l'incompatibilité des caractères, la maladie du mari, l'avarice des familles, les besoins urgents des administrateurs et la religion des Sénégalais polygames. Que dis-je, on n'aurait jamais osé invoquer de pareils motifs!

De plus, les raisons apportées par la femme qui demandait le divorce étaient pesées, discutées pendant des semaines et des mois. Enfin, la dot devait toujours être remboursée et majorée au remboursement de 5 francs pour 1 franc, de 25 francs pour 5 francs, souvent davantage.

Les noirs avaient donc une sanction pour le mariage, afin d'empêcher les divorces continuels. Les prétendus civilisateurs, dans le but unique de favoriser la désorganisation de la famille et de satisfaire leurs passions à bon compte, ont aboli cette sanction. Les noirs, avec leurs lois, sauvegardaient la famille, le gouvernement la tue; et, par suite, il tue du même coup la colonie et son avenir.

*
* *

Je ne veux cependant pas dire que ce statut personnel des nègres du Congo est bon; il est mauvais, en ce sens qu'il s'applique à toute femme, vieille comme jeune, nubile comme enfant de deux ans, que, très souvent, la jeune fille est mariée contre son gré à des vieillards infirmes mais riches, et surtout que la femme passe en héritage dans un lot de chèvres, de poules, de pagnes, de marmites et de calebasses.

Ces *us* et *coutumes* ne pouvaient donc pas être conservés; il fallait un amendement. Mais de là à donner liberté entière, il y a loin! C'est ainsi que tout en conservant certaines sévérités pour les infidélités, et le principe de rembourser quatre à cinq fois la dot, on aurait pu supprimer les mutilations, par exemple, les brûlures cruelles, la mort, ces droits d'héritage monstrueux, et surtout l'abominable coutume de vendre la petite fille dès l'âge le plus tendre. Le lien le plus fort aurait subsisté, le lien du *statut personnel*, et l'on n'aurait pas à déplorer les maladies honteuses qui ravagent le pays, la dépopulation, les haines continuelles entre villages et la désagrégation complète des tribus.

*
* *

Les révélations portées à la tribune du Parlement par M. l'abbé
Lemire ont scandalisé le ministre et la Chambre entière. M. Decrais
indigné, — on le serait à moins, — a promis *d'établir toutes les
responsabilités et de faire prendre fin à pareils abus.* La Chambre,
indignée comme lui, a applaudi la déclaration ministérielle, particulièrement la promesse de *traduire devant les tribunaux civils et
militaires les administrateurs civils et militaires qui manqueraient
ainsi à leurs devoirs.* La chose est grave, on le voit, pour avoir
provoqué une déclaration si nette.

Voici comment s'exprimait l'abbé Lemire : « Les Allemands du
Cameroun font venir de nos colonies françaises les pauvres petites
négresses à moitié éduquées ; ils les font acheter une à une par des
intermédiaires, comme blanchisseuses, et lorsqu'elles ont franchi
les frontières du territoire, on les place un peu partout et principalement dans la colonie allemande du Cameroun. L'administration
française est de connivence. On aurait payé successivement par
tête de femme exportée 2 francs, puis 25 francs, et actuellement le
droit serait de 100 francs. »

« La prostitution à ciel ouvert, continue Mgr Le Roy, dans sa
lettre à l'abbé Lemire, est, dans ces malheureux pays, une industrie
aussi florissante que bien organisée. C'est à elle en définitive que
vont les traitements soldés par la métropole ! Et comme la matière
abonde, eh bien, on exporte. La colonie du Cameroun est sous ce
rapport un excellent lieu de placement. De Libreville et du cap
Lopez, chaque paquebot en exporte, et la douane perçoit les
patentes. Commercialement c'est une bonne affaire, et peut-être
même a-t-on trouvé que, au point de vue politique, cela facilite un
rapprochement... »

Évidemment, le ministre a raison : ceux qui ont exercé cette
ignoble exploitation, ce commerce, cet esclavage, méritent d'être
traduits devant les tribunaux. Ils ont dépeuplé le pays !

Avant l'âge de douze ans, les enfants sont déjà perdues. En-
traînées, les unes pour servir de servantes aux dames en titre,
comme Rose-Marie, enfant de dix ans, les autres pour accompagner leurs sœurs, leurs tantes, leurs mères, vivant de la vie qu'elles
mènent, et, partageant la même chambre, elles font leur apprentis-
sage quotidien, mais elles sont irrévocablement condamnées à la
stérilité.

Je ne puis insister, ici, sur les autres causes de dépopulation, et
je ne fais que signaler en passant les ravages de l'alcoolisme.

Quant au fait brutal, il s'impose : il n'y a plus d'enfants.

Certains villages, Olandifala, par exemple, dans l'Ogowé, pourraient fournir 20 femmes en âge d'avoir des enfants; si 2 de ces mégères deviennent jamais mères, ce sera un grand progrès. Les naissances d'Oyenano étaient, il y a quinze ans, de 20 à 25 par année. Depuis trois ans, il y en a eu quatre. Olandifala et Oyenano sont les deux villages de Lambaréné, principaux fournisseurs du poste et des comptoirs de commerce !

Au Gabon, avant l'occupation française, la race mpongouée était la plus puissante de la Côte; aujourd'hui elle est réduite à quelques familles croisées avec les esclaves venus de l'Ogowé ou de Loango. De même a disparu le peuple benga, comme sont en train de disparaître aussi l'Enenga, l'Adyoumba, le Boulou, l'Ivili et toutes les tribus qui se trouvent en contact avec les factoreries et les postes français ! En ce moment, c'est le tour des Galoas. Ce sont eux qui, en dehors de Ndjolé, Sambékita, Samba, l'Ogowé avec le Ngounyé et les lacs, fournissent actuellement Libreville (toutes les Librevilloises servent au Cameroun) et le cap Lopez, où, chaque semaine, deux ou trois fois, bateaux de guerre, paquebots de commerce, anglais, français, allemands jettent l'ancre. Ces paquebots venant du nord et allant au sud embarquent pour le voyage, au service des officiers, des matelots et des voyageurs, la marchandise humaine, et la débarquent au retour après quinze jours ou trois semaines de voyage. Un autre steamer ne tarde pas à arriver; même opération, même scandale !

J'ai souvenance qu'il y a cinq mois, M. de Lamothe lui-même se trouvait à bord d'un paquebot français allant à Matadi (Congo belge). Il s'y trouvait également un vieux missionnaire bien connu et quelques nouveaux Pères arrivant de France. Dans les salons de première et de seconde, comme aussi dans les cabines des mêmes classes, allaient et venaient, circulaient, fumaient, fouillaient partout une douzaine de négresses, les unes accompagnant l'expédition, les autres allant garnir les postes de Loango, de Brazzaville et même ceux du Congo belge. Le vieux missionnaire ne put se contenir : « Monsieur, dit-il, au commissaire du bateau, il est ignoble, votre bord! » Et le brave commissaire, heureux d'avoir enfin reçu une plainte (il n'osait pas agir tout seul), chassa des salons et des cabines ces concubines effrontées et les renvoya sur le pont.

Mais il avait compté sans un des champions de l'immoralité gabonnaise :

« — C'est ma femme, dit celui-ci, que vous chassez, et je suis fonctionnaire.

« — Monsieur, à bord on ne connaît pas de fonctionnaire; il n'y a que des passagers. »

Avec cet épouvantable dévergondage, les jeunes gens sortis de nos écoles ne trouvent plus à se marier. Ils travaillent partout, chez les planteurs, les colons, les commerçants, dans les postes, les missions, à bord des bateaux, afin de gagner la dot suffisante pour acheter une femme. Ont-ils cette dot? ils ne peuvent guère la risquer, vu la trop grande fragilité des unions. Et voulussent-ils la risquer, que beaucoup n'en trouveraient pas l'occasion, sinon dans le rebut de la prostitution, parmi les femmes malades et complètement usées. Nous ne pouvons faire que de très rares mariages qui offrent des garanties suffisantes de stabilité. Or, ce qui nous force d'arriver à cette sévérité quasi antithéologique et certainement antisociale partout autre part que sur la côte occidentale d'Afrique, c'est l'immoralité toujours croissante et toujours plus affichée des étrangers! On m'affirme, et volontiers je partagerais cette opinion, que l'Afrique n'a pas le monopole de cette lèpre, et que, à ce point de vue, la situation au Tonkin, en Océanie et ailleurs, n'est guère meilleure.

En vérité, est-il possible de ne pas tenter au moins de remédier à tant de maux? Est-il possible que ceux qui ont reçu de Dieu ou de la France une mission civilisatrice restent silencieux toujours? Est-il possible que les gouvernements ne se hâtent pas d'empêcher par des peines sévères une atteinte si grave au droit naturel?

Autre chose.

Est-il surprenant, après ce que je viens de dire, que l'on entende aujourd'hui ces paroles dans toutes les bouches : « Impossible d'avoir des travailleurs; nous avons des concessions, et pas de bras pour les exploiter! » Ou bien celles-ci, que je lis dans le *Bulletin* de la Société des Missions évangéliques (janvier 1900) : « La majorité des vendeurs de vivres sont des Pahouins. » Sans doute, puisque les Galoas ne travaillent plus, et vivent de leurs femmes, de leurs mensualités, de leurs rapines. C'est à peine si un Galoa possède aujourd'hui un champ de manioc d'un hectare; et lui qui nourrissait, il y a quinze ans, le personnel des six factoreries de Lambaréné et tous les enfants des deux missions, catholique et protestante, est forcé à l'heure présente d'acheter ses vivres chez les Pahouins avec les gages de ses sœurs, de ses femmes et de ses filles, ou bien de mendier le riz des miliciens, ses gendres et beaux-frères au service du gouvernement local.

Pour mon compte, et dussé-je attirer sur ma tête les foudres de tous les fonctionnaires petits ou grands (ce qui est déjà fait!) je ne cesserai pas de crier, comme j'ai commencé en 1896, dans une conférence à laquelle assistaient des hommes éminents, MM. Wallon, Trarieux, Denormandie, Denis, de Broglie, Anatole Leroy-

Beaulieu, Lavedan, Lefèvre-Pontalis, et toute la tête de la Société antiesclavagiste : « La femme est restée jusqu'ici la meilleure des exploitations, la famille se désagrège de plus en plus, la corruption gagne… et l'administration ne fait rien pour remédier au mal. » (*Correspondant*, juillet 1896.)

D'après les faits récents que l'on connaît, il faudrait d'ailleurs modifier la phrase et dire : « L'administration protège la désorganisation de la famille, elle protège la corruption éhontée partout, elle tient à avoir le plus de femmes possible en circulation, elle rit des efforts des missionnaires qui meurent à la peine. Je ne crains pas de dire trop, les paroles et les scandales que j'ai rapportés me couvrent et particulièrement cette parole du chef : « Nos miliciens étant musulmans, ont bien le droit d'être polygames. » Oui, encore une fois, dans leur pays, mais pas chez des étrangers, avec les femmes de ces étrangers que l'on met en prison quand ils ne veulent pas céder; oui, si leur femme est véritablement leur femme selon la loi musulmane; mais non, s'ils ne doivent rester dans les postes que six mois ou un an, s'en aller et laisser en plan les filles et les femmes auxquelles ils ont légué en héritage leurs honteuses maladies.

J'ai confiance que la France, jalouse de son honneur, voudra mettre un terme à ces scandales. Pourquoi les Allemands dans leurs colonies ne souffrent-ils pas que l'on exploite leurs filles? Pourquoi font-ils provision chez nous? « Ils n'entendent pas, répond un rédacteur de l'*Echo de Paris*, amener, par certains abus regrettables, la dépopulation sur un territoire d'empire. »

La France a recueilli cette parole de M. Decrais, ministre des colonies (11 décembre 1899) : « Toutes les responsabilités seront établies, et je m'empresse de déclarer que de pareils abus doivent absolument prendre fin…, et de cette façon j'agirai, non pas seulement pour le bien de la République et dans l'intérêt de la gloire, mais aussi dans l'intérêt de notre empire colonial. »

La France est là, son honneur et sa gloire ne sont que là, et les applaudissements unanimes qui ont salué la déclaration ministérielle l'ont énergiquement prouvé.

*
* *

Maintenant, avant de conclure, je tiens à faire une déclaration; la voici; je ne crains pas d'effrayer, quand le mal est trop grand, il faut sonder la plaie jusqu'au fond :

A Libreville, à Loango, à Lambaréné, ailleurs encore, comme on l'a vu, mais principalement dans ces trois résidences, il y a des écoles de filles, et des Sœurs chargées de l'éducation des catholiques, en même temps que des ministresses qui tentent, sans succès d'ailleurs, à faire de vertueuses protestantes. Ces écoles sont-elles utiles? Rendent-elles quelque service à la cause humanitaire, à la religion, à la colonie?

Hélas! je l'ai dit, mes confrères et mes supérieurs sont de cet avis, le mal est de beaucoup plus grand que le bien! Sur 100 filles élevées dans ces différents établissements, 50 au moins seront perdues le lendemain ou le surlendemain de leur sortie. 70 le seront six mois après, et l'année ne sera pas écoulée que leur nombre arrivera à 90.

On pourra peut-être compter 10 mariages, mais, après deux ans, 5 divorces auront déjà été prononcés en faveur des femmes qui iront grossir le nombre des infidèles. — Voilà la situation.

Dans ces conditions, les écoles sont-elles utiles? Je n'hésite pas à dire qu'elles sont plutôt nuisibles, si les lois restent ce qu'elles sont, et si les administrateurs et les gouverneurs restent ce qu'ils ont été jusqu'à ce jour.

Y a-t-il, dans cette navrante situation, des fautes imputables aux Sœurs et aux missionnaires tant catholiques que protestants? Là encore il faut établir des responsabilités. Oui et non.

Non, parce que les Sœurs emploient toute leur énergie, avec les plus grands soins, pour élever leurs filles dans les plus beaux sentiments du devoir de chrétiennes et de femmes chrétiennes. Elles se dépensent jusqu'à la mort.

Oui, c'est leur faute, parce qu'elles ne se plaignent pas assez de leurs défaites aux gouverneurs, tant du Congo que du Sénégal, et de partout. Elles obtiennent ordinairement ce qu'elles demandent plus facilement que les Pères. Elles se résignent, elles pleurent, elles meurent, et c'est tout. Ce n'est pas assez.

Ce n'est pas la faute des missionnaires. Ils prêchent d'exemple; ils reviennent, à chaque instant, sur l'horreur de cet état de choses dans leurs catéchismes; ils attaquent, et quelquefois violemment, cette immoralité en chaire et dans leurs écrits; plusieurs même, *inter quos ego*, ont eu l'honneur d'avoir à rendre compte de leurs sermons devant la justice des administrateurs. Mais il y a cependant de leur faute, parce qu'ils n'agissent pas en masse pour protester, et, lorsqu'ils agissent isolément, prennent trop de précautions.

En tout cas, ce n'est pas ma faute à moi. Là-bas, j'ai prié, supplié, réclamé, tempêté. Ici, en juin 1896, j'ai tout dénoncé, et ma conférence a été publiée.

Ce n'est pas la faute de notre supérieur général, Mgr Le Roy, qui a épuisé toutes les juridictions, la presse, les interpellations à la Chambre, les interventions innombrables dans les ministères.

Ce n'est pas la faute de cette œuvre, si éminemment humanitaire, la Société antiesclavagiste. Après les révélations de 1896, elle délégua deux de ses membres les plus éminents pour obtenir du gouvernement un remède à tous ces maux. Depuis, un de ses membres les plus influents, M. Le Myre de Vilers, n'a pas cessé de poursuivre les ministres et leurs bureaux. La Société a fait ensuite rédiger un projet de réglementation par un des magistrats les plus renommés de notre époque. Enfin, ses vénérables présidents n'ont manqué aucune occasion de se dépenser pour faire aboutir ce projet.

Mais c'est notre faute à tous, parce que nous n'avons peut-être ni assez de volonté ni assez de ténacité. Nous disons : « Il faut que cela cesse, et cela cessera. » Puis on fait quelques démarches, le temps passe, et l'on attend...

N'attendons plus, le mal est trop grand.

Mais s'il est grand, immense, presque décourageant, faut-il pour cela renoncer à lutter et fermer nos écoles? On se l'est demandé.

III

QUE FAIRE?

Non, il ne faut pas fermer ces écoles. La parole de M. le ministre des colonies nous donne une lueur d'espoir; c'est pourquoi, je dis : Si tout le monde agit avec ensemble, nous pourrons encore sauver nos missions, sauver le prestige de la France, sauver nos colonies. Voici ce que je demanderais et ce qui semble la raison même :

1° Exiger que l'on empêche tous ces scandales par des lois et des peines déterminées formant une sorte de législation locale.

2° Empêcher par la force ce recrutement infâme pour le Cameroun et les autres localités; que les filles et les femmes restent dans leur pays.

3° Défendre absolument, sous peine d'amende considérable, et peut-être même de prison, le mariage des enfants avant leur nubilité.

4° Défendre que la femme soit matière à héritage.

5° Mettre une sanction civile aux mariages des indigènes, afin qu'ils ne soient pas à la merci du premier venu.

Qu'on me permette ici quelques détails :

En 1898, cette question des mariages civils fut portée à la tribune par l'abbé Lemire, et le ministre, M. Guillain, se mit, en effet, en devoir de faire quelque chose. Il en écrivit à M. de Lamothe, commissaire général (lettres de M. le ministre à M. Le Myre de Vilers, 29 août 1899), mais M. de Lamothe répondit que l'exécution d'une réglementation se heurterait à de grandes difficultés, vu le petit nombre des agents, vu également les différences de religion et la polygamie.

Ces difficultés ne sont pas des difficultés sérieuses.

« Je crains fort, dit M. le député Fleury-Ravarin (l'*Evénement* du 14 janvier 1900), que toutes ces objections ne servent qu'à dissimuler un mauvais vouloir... Nous avons peu d'agents officiels au Congo, soit : mais ne peut-on pas suppléer à ce petit nombre d'agents en déléguant les fonctions d'officiers de l'Etat civil aux Européens qui sont là-bas, concessionnaires, missionnaires, pasteurs, colons, commerçants, choisis à bon escient par l'administration ? »

La polygamie n'est pas non plus un obstacle. Les polygames resteraient polygames, et la réglementation ne viserait que les mariages monogames. Les polygames n'auraient pas à profiter des garanties de sécurité qu'apporterait le décret ministériel.

Quant aux musulmans, il n'y a pas à s'en occuper. Au Congo, il n'y a de musulmans que les Sénégalais, qui ne sont que des miliciens de passage.

« Quoi qu'il en soit, ajoute M. Fleury-Ravarin, la France ne peut pas tolérer plus longtemps qu'il se passe dans une de ses colonies des faits indignes d'un grand pays civilisé. »

6° Enfin, une dernière proposition est celle-ci :

Nous avons vu que les jeunes gens de nos écoles ne trouvent plus à se marier ; la réglementation que j'ai proposée empêcherait bien une partie du mal, mais n'empêcherait pas tout. Il faut donc faire la part du feu, et sauver le reste. Ce qui sera sauvé, je le crains bien, ne suffira pas pour l'établissement de très nombreuses familles qu'il faut créer à tout prix, *si l'on ne veut pas voir à bref délai la colonie déserte.* Il faut donc encore autre chose, c'est l'établissement d'une mission, loin, très loin de tout foyer de corruption, chez les peuplades neuves qui n'ont encore vu ni blancs, ni traitants, ni miliciens, — tout à fait dans le haut Ngounyé, où les jeunes gens chrétiens, qui ne trouvent pas à se marier, viendront prendre femme et nous aider à christianiser le pays.

Là-bas, l'esclavage ancien règne encore dans toute son horreur ; tous ces jeunes gens déjà civilisés donneront ainsi en se mariant le bienfait de la liberté aux malheureuses négresses et ils n'auront pas à craindre que quelqu'un vienne jeter le trouble dans leur union. Telle est la mesure la plus nécessaire pour sauver la situation. Ces bienheureuses libérées ne connaîtront alors qu'un seul homme, celui qui les aura affranchies ; et elles lui resteront attachées et par le lien d'épouses et par celui de la reconnaissance.

Une autre chose également nécessaire est de sauver les pauvres petites Galoases et Pahouines ; faire ce que le P. Bichet fait avec sa fortune au Fernan-Vaz. Pour cela, il faut les racheter avant leur nubilité, afin qu'une fois en âge elles soient libres de donner leur main à qui leur plaira.

Si mon retour en France pouvait avoir pour effet de sauver ainsi les malheureuses petites filles de l'Ogowé, d'établir cette nouvelle Mission de Liberté que je sollicite, d'empêcher tous les désordres que j'ai signalés, et enfin d'obtenir une sanction sérieuse pour nos mariages chrétiens, je n'aurais aucun regret de m'être créé les ennemis que cette campagne va m'attirer et ma conscience me rendrait le témoignage d'avoir travaillé pour les missions cent fois plus que si j'étais resté à mon poste, pendant vingt ans, découragé, luttant quand même, sans aucun succès et sans aucun espoir !

P.-S. — S'il se trouvait parmi les lecteurs du *Correspondant* des âmes charitables qui voulussent contribuer au rachat des pauvres négresses de l'Ogowé, afin de leur procurer le bienfait d'un mariage honorable et chrétien, le P. Lejeune les prie de lui adresser les offrandes, 30, rue Lhomond, à Paris.

Son rêve serait de fonder un Refuge à Lambaréné, comme celui du Fernan-Vaz, pour cinquante à soixante pauvres esclaves. Avec le décret ministériel concernant la sanction des mariages, il n'y aurait plus rien à craindre.

De même, cette nouvelle mission projetée sur le fleuve Ngounyé, près des monts Kombo, à 380 kilomètres des chutes Samba et à 150 kilomètres au plus de Franceville, demanderait un bienfaiteur insigne qui voulût bien se charger de sa fondation et de son entretien. Les missionnaires en ont trouvé quelquefois ! Peut-être la liste n'en est-elle pas épuisée.

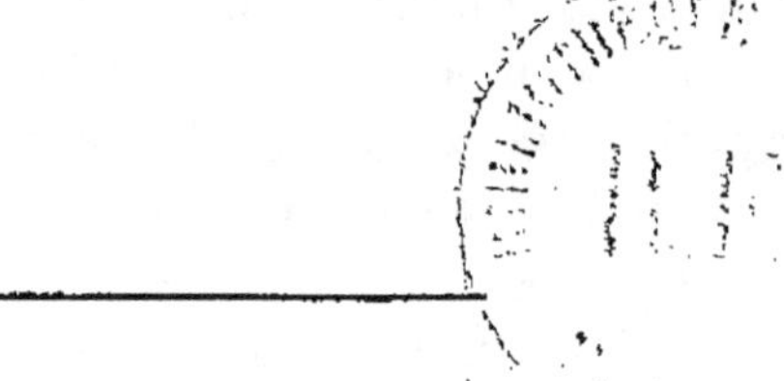

LE
CORRESPONDANT

RELIGION — PHILOSOPHIE — POLITIQUE

HISTOIRE — SCIENCES — ÉCONOMIE SOCIALE

BEAUX-ARTS — LITTÉRATURE — VOYAGES

SOIXANTE ET ONZIÈME ANNÉE

PARAIT LE 10 ET LE 25 DE CHAQUE MOIS

PARIS, DÉPARTEMENTS & ÉTRANGER :

UN AN : **35 FR.** — SIX MOIS : **18 FR.** — UN NUMÉRO : **2 FR. 50**

ADMINISTRATION ET RÉDACTION

PARIS. — 14, RUE DE L'ABBAYE, 14